Ó MÃE,
VOU EMIGRAR!!!

PATRÍCIA MARCELINO

O 1º GUIA PARA QUEM PONDERA EMIGRAR PARA O REINO UNIDO - ESCRITO POR QUEM TRABALHA COM A COMUNIDADE EM INGLATERRA HÁ MAIS DE TRÊS ANOS!

1ª PARTE

TUDO O QUE PRECISO

SABER E FAZER ANTES DE PARTIR

Ó MÃE, VOU EMIGRAR!!!

- GUIAS PRÁTICOS PARA QUEM PONDERA EMIGRAR PARA O REINO UNIDO -

Estes guias não foram escritos ao abrigo do novo Acordo Ortográfico.

1ª Edição: Outubro 2015

Londres, Reino Unido.

ISBN: 978-1-51926-982-9

United Kingdom / Portugal

http://www.pmexcelgroup.com/

Endereço de eMail para os Guias:

omaevouemigrar@pmexcelgroup.com

Adira ao nosso Grupo no Facebook:

https://www.facebook.com/groups/omaevouemigrar/

ÍNDICE

SOBRE A AUTORA

DESTES GUIAS

Chamo-me Patrícia Marcelino e sou de Lisboa.

Morei nos Açores durante uns anos, onde dei aulas de inglês – no Liceu de Angra do Heroísmo, na Terceira - e de onde saí quando me alistei no Exército em 1992, juntando-me ao grupo das primeiras mulheres portuguesas a fazerem parte deste ramo das Forças Armadas - e onde fiquei durante quase 7 anos a dar instrução da Especialidade de Transportes a centenas de recrutas (apenas homens na altura...).

Quando concluí a minha licenciatura em Relações Públicas e Publicidade concorri para uma posição no Ministério da Defesa Nacional, onde acabei por ficar como Técnica Superior, a fazer a minha carreira na área da Comunicação, Relações Públicas e Protocolo.

Após concluir o Mestrado em Comunicação Integrada, em 2011 e de ter ganho o Prémio de Melhor Aluna, foi-me lançado o desafio de seguir para o Doutoramento.

Concordei que era o próximo passo e fui para Braga - Universidade do Minho - onde iniciei o Doutoramento em Ciências da Comunicação, vertente Comunicação Organizacional - especialização em Comunicação de Crise.

Terminada a parte curricular, como bem sabem, iniciamos a solitária tarefa de escrever a Tese de Doutoramento sobre a temática que pretendemos defender.

A vinda para Londres acontece nessa altura em que já não tinha que estar fisicamente perto da Universidade e numa perspectiva de enriquecimento do meu currículo com uma experiência internacional que me foi facultada.

Após essa primeira experiência que me trouxe cá, eu já não queria voltar...

Por outro lado, a minha filha – peça essencial neste puzzle e em toda a minha vida – estava e meio do 2º ano lectivo cá e eu a não queria "perturbar".

Acabámos por ficar... até hoje!

INTRODUÇÃO

Estes livros surgem como uma tentativa de chegar a todos os que não têm tido acesso aos nossos Workshops - desenhados para quem quer emigrar para o Reino Unido - e àqueles que querem apenas recapitular ou tomar notas, ou até testar as diversas recomendações que apresentamos.

Julgamos que uma edição online poderá chegar a mais pessoas, que deste modo não terão que estar à espera das nossas próximas edições de Workshops em Portugal, nem terão que se deslocar a outras cidades para poder ter acesso à nossa (in)Formação e por isso temos também os nossos livros disponíveis nesse formato.

Sim, falei falar no plural porque vamos editar 3 Livros que no seu conjunto representarão a Colecção **Guias Práticos Para Quem Pondera Emigrar Para o Reino Unido** - e esta é apenas a **1ª Parte**, que vai ser exclusivamente dedicada aos "pequenos" pormenores a tratar antes de partir – **Tudo o Que Preciso Saber e Fazer Antes de Partir**.

A **2ª Parte do Guia** vai ser sobre o que deve fazer quando chegar ao Reino Unido - **Tudo o que Preciso Saber e Fazer Depois de Lá/Cá Estar** e a **3ª Parte** vai ser dedicada a todo o processo de procura de trabalho - **Tudo o que Preciso Saber e Fazer para Conseguir "Aquele" Emprego**.

Não pretendo nestes livros fazer qualquer tipo de caracterização sócio demográfica, ou apresentar qualquer resenha histórica sobre o Reino Unido e sobre os costumes das suas populações ou até mesmo sobre o turismo, mas sim ir direito ao assunto que vos traz cá.

Contudo, essa parte turística e de estudo da população e dos costumes de quem nos acolhe é de extrema importância - mas essa aventura deixo-a para fazerem nos vossos momentos de lazer, ou de solidão...

O que se pretende com este Guia não é – de forma alguma - incentivar à emigração, mas sim mostrar-vos a realidade (que por vezes não é a que sonhamos) e preparar-vos, na medida do possível, para o que vão encontrar, fornecendo-vos (in)Formação e ferramentas para se sentirem mais seguros e para que sejam mais certeiros nas vossas escolhas e decisões e dizer-vos também que podem e devem fazer algumas coisas a partir de Portugal (ou onde quer que se encontrem), quando ainda estão "no conforto do lar" e no "colinho da família".

Pretende-se assim, que no seu conjunto, estes livros sejam guias para todos os que ponderam dar o mesmo passo que eu dei em 2012, bem como cerca de 30 mil portugueses o têm feito anualmente, nos últimos tempos.

O que aqui vos trago é como que uma conversa entre amigos, onde vou indicando onde encontrar a informação relevante para cada assunto, ou qual o caminho mais indicado para o fazer.

Não interpretem o que vos vou indicando como sendo uma verdade universal para o sucesso. Todos os passos mencionados são guias e estas (guias) servem para balizar e identificar acções que podem ser tomadas, ou passos que podem ser seguidos, mas que não são obrigatórios, apenas indicativos facilitadores das mais diversas situações num processo de transição de estilo de vida tão radical como é o de mudar de país.

Não é fácil escrever um Guia sobre um assunto que conhecemos bem, sem nos envolvermos numa conversa com o leitor, até diria que para mim é como uma jornada que imagino estar a percorrer convosco e onde vou apontando caminhos que podem seguir.

Por isso, não levem a mal se acharem que estou "na palheta" convosco, porque decerto estarei. E também não interpretem mal uma piadinha ou outra (ou tentativa), pois para mim estou a escrever para alguém e quero que esse alguém sinta que este livro foi escrito para si, porque o foi!

Tentarei abordar os temas que são explicados durante as sessões dos workshops, que são os que tenho vindo a analisar - através dos pedidos que diariamente me surgem - como sendo de maior interesse e que também me parecem ser os mais prementes neste processo de emigração, neste caso em particular para o Reino Unido.

Antes de começarmos, um esclarecimento adicional para mencionar que estes livros se destinam a qualquer pessoa, independente do nível de escolaridade ou profissão, desde que o denominador comum entre elas seja o desejo de vir para o Reino Unido viver e trabalhar, estudar, ou apenas para acompanhar familiares neste passo.

Assim, e pelos motivos acima apresentados, pedimos que entendam o estilo de escrita suave e não muito codificado ou elaborado, até porque o que aqui é apresentado não se pretende seja informação exaustiva sobre as matérias abordadas, mas sim indicativas de questões que necessitarem ser revistas e eventualmente tidas em conta para posteriormente serem aprofundadas - e que para o efeito deverão contactar as correspondentes entidades competentes em cada uma dessas matérias, indicadas através dos links propostos.

Vão também poder verificar que uso alguns termos em inglês – é com o intuito de vos ir familiarizando com as expressões usadas cá, pese embora algumas não serem tradução à letra, serão decerto as que aqui ouvirão e por isso queremos que as entendam desde já.

Como a maioria (não todos, mas a maioria) que para cá quer vir é para Londres que virá, pelo menos ao princípio, decidi incluir algumas notas sobre a tão famosa capital de Inglaterra. O que se pretende aqui não é focar nada que seja relevante para o lado turístico da vossa experiência, para isso já existem muitos guias que podem consultar e este não estará certamente alinhado com essa "redacção editorial".

Tentaremos colocar o máximo de links possível por forma a não entrar em muito detalhe sobre cada assunto, porque cada caso é um caso. Mas sim indicar onde procurar mais informação caso se verifique ser necessário ou relevante para cada pessoa e para cada situação.

Sendo estes livros baseados nas minhas experiências nestas matérias, assuntos há, sobretudo na 1ª Parte, que são mais direccionados aos cidadãos Portugueses (por exemplo no que concerne à documentação). Contudo, a restante informação pode ser usada por qualquer sonhador, seja de que nacionalidade for, desde que a adapte à realidade do seu País. Por isso "gastem" estes livros à vontade e passem aos amigos.

Já no que concerne à 2ª Parte do Guia, esta abordará o que deve fazer quando chega, como procurar casa, abrir conta no banco, inscrever-se na segurança social e por aí fora e a 3ª Parte vai percorrer todas as questões associadas com os processos de recrutamento e com a procura de emprego aqui no Reino Unido – não perca estas edições!

Os links aqui apresentados estão todos actualizados e funcionais à data da publicação deste livro. Contudo, com a rapidez com que a informação flui hoje em dia, a respectiva actualização de conteúdos pode ser verificada a qualquer momento pelas entidades citadas.

Caso se detectem alterações iremos repor os novos links assim que possível. Para esta identificação contamos também com a vossa cortesia no sentido de nos informarem caso encontrem algum destes links corrompidos e tentaremos corrigir e actualizar os Guias logo que possível.

Se efectivamente identificarem alguma falha, podem mandar um email para <u>omaevouemigrar@pmexcelgroup.com</u> e eu terei todo o gosto em tentar colmatar essa falha logo que possível.

Peço ainda, a todos os que lerem esta 1ª Parte do Guia o favor de deixarem a vossa avaliação (*review*) do livro no website da Amazon, que terei muito interesse em ler todos os comentários com atenção e carinho. Aos que adquiriram o livro de outro modo e apenas quiserem enviar um email a felicitar por este trabalho, melhor ainda - terei um grande sorriso para vós em retorno.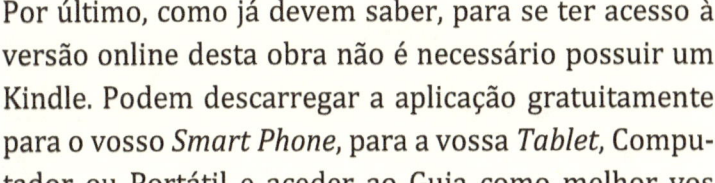

Por último, como já devem saber, para se ter acesso à versão online desta obra não é necessário possuir um Kindle. Podem descarregar a aplicação gratuitamente para o vosso *Smart Phone*, para a vossa *Tablet*, Computador ou Portátil e aceder ao Guia como melhor vos aprouver.

Quem necessitar descarregar a aplicação GRÁTIS do Kindle para ler o livro, basta seleccionar a aplicação **Kindle Reading App** indicada para cada aparelho.

Por isso, podem e devem indicar estes livros aos vossos amigos e familiares que estejam a ponderar emigrar para o Reino Unido, pois este formato permite o acesso a todas as pessoas e em diferentes suportes.

Fiquem atentos ao lançamento (para breve) da 2ª e da 3ª Partes do Guia, indispensáveis para quem já tomou a decisão de partir e também para quem está à procura "daquele" emprego aqui no Reino Unido!

Obrigado por terem adquirido este Guia e espero - acima de tudo - que este vos seja útil!

Agora, vamos ao trabalho!!

Ó MÃE, VOU EMIGRAR!!!

Ó Mãe, Vou Emigrar!!!

O PROJECTO
"Ó MÃE, VOU EMIGRAR!!!"

Como é que o projecto **"Ó Mãe, Vou Emigrar!!!"** começou?

Bom, temos que voltar a 2012 quando cá cheguei, para se perceber como este projecto naturalmente se foi desenvolvendo em mim.

Ainda em Portugal, na fase em que andava a investigar para onde deveria vir morar, tentei fazer a melhor escolha tendo em vista o menor "choque" possível na vida da minha filha. Assim, quando percebi que apenas em Londres havia mais de 900 escolas secundárias, tive que começar a segmentar a escolha e acabei por decidir que o melhor era que ela fosse para uma escola com muitas crianças portuguesas, para que a sua integração nesta nova vida fosse mais fácil.

Ela foi então para a escola secundária que tem a maior população portuguesa - e "por arrasto" acabei por me entrosar com a comunidade desde logo.

Com efeito, vim para o local em Londres (e em todo o Reino Unido) que tem mais portugueses. Chama-se carinhosamente - e como não poderia deixar de ser - *Little Portugal*.

Little Portugal está situada na Zona 2 de Londres, em Stockwell que pertence ao *Borough* de Lambeth. Não querendo entrar muito em detalhes, deixem-me só mencionar que os números apontam para que morem aqui mais de 40 mil portugueses, fazendo com que nesta zona a 2ª língua mais falada nas escolas seja o português. Bom, mas isto é pano para outro livro.

Não perdendo o fio à meada, e apenas para nomear algumas das minhas intervenções junto da Comunidade Portuguesa, queria destacar que desde que cheguei comecei logo a dar aulas gratuitas de inglês aos portugueses numa biblioteca local – esta experiência fez com que eu começasse realmente a conhecer as necessidades dos que para aqui vêm à procura de uma vida melhor.

Passei ainda pelo Centro Comunitário como voluntária, pela Organização do Dia de Portugal – como responsável pela área de Comunicação (evento que apenas num dia de celebrações regista a presença de cerca de 30.000 pessoas), passei também pelo Consulado Geral de Portugal em Londres e tenho, nestes últimos 3 anos apoiado na organização de actividades de âmbito cultural que enalteçam a cultura portuguesa e deem a conhecer as nossas tradições junto desta população que nos acolheu em seu país. Alguns dos eventos contaram com o a presença do Sr. Embaixador de Portugal no Reino Unido e da Srª Cônsul-Geral de Londres, outras com alto patrocínio do Instituto Camões e com o apoio de empresários portugueses que fazem sempre questão em participar.

Por outro lado e numa vertente mais social, desde 2014 que apoio (também) os portugueses através de serviços que desenvolvo numa das mais prestigiadas instituições sem fins lucrativos de referência no apoio gratuito ao cidadão residente do Reino Unido – o *Citizens Advice Bureau*. É aqui que vou ganhando muita desta experiência, lidando com os mais diversos casos e recebendo a melhor formação possível, o que me permite estar sempre actualizada nestas matérias dos apoios sociais britânicos e no que diz respeito aos nossos deveres e obrigações como cidadãos.

Bom e de grupos e comissões dos quais faço parte existe uma lista infindável, mas que acabam todas por ter o intuito de poder contribuir, na medida do possível, na defesa dos interesses desta comunidade portuguesa que é MINHA.

Voltando ao que me levou a este projecto **"Ó Mãe, Vou Emigrar!!!"**...

Todas estas actividades apenas solidificaram as informações que me levaram a caracterizar e sistematizar as maiores necessidades dos portugueses que todos os dias continuam a chegar ao Reino Unido. Estas experiências foram essenciais no desenho deste projecto que não é mais do que **uma forma de providenciar um conjunto de ferramentas e dicas essenciais para que as pessoas se informem devidamente antes abraçar um novo país.**

Tudo começou numa destas minhas acções de apoio social - no Natal de 2014, quando fui voluntária como *Adviser*, junto de uma organização britânica que apoia os "sem abrigo".

Esta acção desenvolve-se todos os anos por altura da época de Natal e consiste no seguinte: esta instituição, chamada Crisis, com o apoio de escolas de Londres junta pessoas "sem abrigo", um pouco por toda a Inglaterra, e transportam-nas para Londres para ficarem por umas semanas ao seu cuidado.

O que acontece é que existem muitas instituições de apoio aos "sem abrigo" que incrivelmente, durante a época de Natal e Ano Novo, fecham as portas deixando desta forma os "sem abrigo", <u>sem qualquer abrigo</u>.

Explicando melhor, existem instituições que durante todo o ano recolhem pessoas que vivem nas ruas para pernoitarem nas suas instalações. Durante o dia essas pessoas podem lá deixar os seus pertences, mas não podem lá permanecer.

Quando chega a época natalícia, alguns destes centros fecham e os "sem abrigo" deixam de ter aquele apoio durante a noite.

A instituição de que falei, Crisis, recolhe as pessoas que foram previamente indicadas pelas mencionadas instituições que fecham, e "tomam conta deles" durante cerca de 3 semanas.

E é uma estrutura enternecedora de ser ver!

Imaginem:

- Escolas secundárias, com os ginásios transformados em centros de arte, barbeiros/cabeleireiros ou salas de cinema com ecrãs gigantes;

- Balneários com água quente disponível a qualquer hora e a qualquer uma dessas pessoas;

- Refeitórios com refeições marcadas como em qualquer lar;

- Pequeno-almoço, almoço e jantar servidos gratuitamente;

- Cantinas cheias de comida e com bebidas quentes a sair a toda a hora (não se esqueçam

que essa época é muito fria aqui por estes lados);

- Imaginem as salas de aulas dessas escolas transformadas em centros de meditação - em salas zen, em centros de apoio ao cidadão com informação sobre tudo e mais alguma coisa: benefícios, emigração, alojamento, ajuda na elaboração de CV e na procura de trabalho;

- Imaginem as salas de aula com pessoas constantemente ao telefone a tentar arranjar lugar, nos centros que ainda estão abertos, para mais uma daquelas pessoas em necessidade;

- Imaginem ainda salas de aula transformadas em consultórios, com médicos de todas as especialidades: dentistas, oftalmologistas, etc.

São a essas escolas que todas essas pessoas a quem chamamos de "sem abrigo" durante essas 3 semanas chamam CASA.

É uma estrutura gigantesca, com centenas de voluntários que abdicam de estar com as suas famílias nesta época festiva, para ir ajudar estas pessoas a sobreviver a época Natalícia com o menor constrangimento possível. Só para terem uma ideia, em Outubro já andamos a reunir por causa do próximo Natal (3 meses antes...).

Não me querendo alongar muito, mas para que percebam o peso que esta experiência teve no rumo da minha vida, queria acrescentar a minha experiência nesse ambiente.

Lá, nós os voluntários, temos que usar uns crachás cuja cor indica "o que fazemos" lá dentro e que língua é que falamos (para além do inglês), para mais facilmente sermos identificados e podermos ajudar quem fala a nossa língua.

Escusado será de dizer que rapidamente me vieram dizer que havia portugueses na casa a quem eu eventualmente teria que dar apoio... FOI UM CHOQUE!!!

Muito francamente nunca me passou pela cabeça que teria este encontro. Vamos para ali para ajudar, mas nem nos passa pela cabeça que naquelas circunstâncias possam estar pessoas "nossas".

Na verdade encontrei 5 portugueses – um em particular dificuldade a quem tive que ajudar mesmo após essa experiência - nem documentos ele tinha, pois tinha sido assaltado enquanto dormia nas ruas, e sem documentos nada avançava na sua vida...

Falarei mais à frente tendo como base este exemplo de situação vivida pelo "Manel" – sobre o qual por razões óbvias não revelarei o verdadeiro nome, mas que me marcou e que agora não me deixa ficar indiferente em determinadas situações.

Bom e foi esta realidade que nunca esperei encontrar que me fez criar o projecto social **"Ó Mãe, Vou Emigrar!!!"**.

Em Janeiro de 2015 coloquei as ideias em papel, em Fevereiro iniciei os primeiros contactos, em Março já estávamos a promover os workshops na FUTURÁLIA

2015 em Lisboa e em Abril já estávamos a dar formação em Lisboa, Viseu e Porto e nunca mais parámos.

Tinha nascido o PM Excel Group!

Tivemos um sucesso arrebatador com a realização dos workshops e imensa cobertura mediática - quer por parte dos media nacionais em Portugal, como por parte dos media portugueses espalhados pelas diversas comunidades de emigrantes presentes um pouco por todo o mundo, tendo ajudado na promoção das actividades e no reconhecimento geral de que estávamos a fazer um trabalho necessário. E isso tem-nos motivado a continuar, apesar de estarmos a trabalhar, até ao momento, apenas com recursos próprios e de não termos tido qualquer apoio externo. Mas estamos no bom caminho, pois estamos a receber imensos contactos e a iniciar várias parcerias para continuarmos a apoiar estas pessoas.

A realidade é que só no ano de 2014, cerca de 31.000 portugueses rumaram a "terras de sua Majestade" na procura de uma vida melhor. Esta tem sido, segundo estudo o Observatório para a Emigração, uma realidade vivida há diversos anos, nomeando o Reino Unido como o principal destino da Emigração Portuguesa e o mais importante pólo de atracção dos emigrantes portugueses qualificados.

Pode ver aqui algumas notícias:

http://www.pmexcelgroup.com/imprensa/

Assim, **"Ó Mãe Vou Emigrar!!!"** é um projecto nascido em Londres, concebido por uma Portuguesa, com o objectivo de (in)Formar os seus conterrâneos que pretendem emigrar para o Reino Unido.

Porque na maioria quem emigra encontra-se numa situação já de si fragilizada, estamos neste momento a efectuar contactos e envidar todos os esforços no sentido de obtermos mais parceiros e patrocinadores em Portugal e no Reino Unido para que se possa, a longo prazo, tornar este projecto num movimento de cariz social que possibilite a oferta gratuita (ou com valores simbólicos) dos nossos workshops.

No fundo, o que pretendemos com os nossos Workshops é usar dos conhecimentos profundos da realidade que aqui se vive e que foram por mim adquiridos com estes anos de relacionamento com a comunidade Portuguesa, com o trabalho no Consulado Português, no Centro Comunitário e no *Citizens Advice Bureau* e fornecer (in)Formação fidedigna e actualizada para que as pessoas não arrisquem tudo o que têm e acabem na situação destas pessoas que encontrei no "Natal da Crisis".

Para tentar que estas situações de carência não se tornem frequentes, o que se pretende é fornecer as ferramentas essenciais para que as pessoas - antes de emigrarem - façam uma escolha sensata, ponderada e acima de tudo informada. Pretende-se até, dar (in)Formação suficiente para que possam procurar oportunidades de trabalho mesmo antes de sair da sua "zona de conforto".

Mudar de país pode ser uma aventura, pode ser um sonho, pode até ser o último recurso, mas também pode ser um problema maior se o efectuar sem os conhecimentos mínimos da realidade que vai encontrar noutro país, com outros costumes, outra língua e uma imensa "multiculturalidade".

O nosso objectivo é usar a (in)Formação como meio de prevenção de algumas situações que não sendo acauteladas poderão trazer grandes dissabores uma vez no Reino Unido.

Devido às solicitações que temos tido, periodicamente este projecto desloca-se de Londres para Lisboa, Viseu, Braga e Porto (mais parcerias a iniciar em breve), onde são agendadas, juntamente com os nossos parceiros, várias sessões dos três níveis de workshops que se destinam a (in)Formar quem está a ponderar a decisão de emigrar para o Reino Unido.

Essas acções de formação vão sendo constantemente adaptadas à realidade do momento e foram elaboradas em três grupos distintos e independentes, que apesar de terem uma lógica de ligação e de seguimento, podem ser frequentadas pela ordem que melhor se entender ou apenas assistir ao nível que mais se tem necessidade, tendo em conta os conteúdos abordados e a situação do interessado:

- Tudo o que preciso saber e fazer antes de partir;

- Tudo o que preciso saber e fazer depois de lá/cá chegar;

- Onde procurar trabalho e como elaborar uma carta de apresentação e um CV "à inglesa".

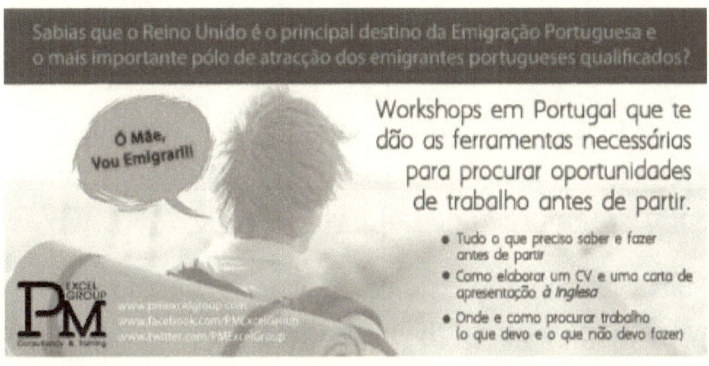

Por último, ainda de mencionar que, em paralelo com estes workshops criados para quem quer emigrar para o Reino Unido, mas que ainda se encontra em Portugal, desenvolvemos desde Fevereiro até Maio 2015, juntamente com os Amigos da Biblioteca Tate South Lambeth, uma série de workshops gratuitos (possíveis através de apoios financeiros Britânicos) para senhoras de língua e expressão Portuguesa que vivem na área de *Little Portugal.*

Estas sessões realizaram-se com o objectivo de permitir a estas senhoras desenvolverem as suas capacidades para uma melhor e mais eficaz inserção na comunidade e/ou na vida activa laboral – para motivá-las, apoiar na procura de emprego, ensinar a fazer o seu CV, desenvolver competências e treinar o inglês. Sim, porque todas as aulas eram em inglês "obrigando" à prática da língua e à perda de velhos receios.

Veja aqui a reportagem da agência LUSA sobre os nossos Workshops de Londres:

http://www.msn.com/pt-pt/video/ver/workshop-em-londres-ajuda-mulheres-lus%C3%B3fonas-a-procurarem-emprego-editado/vp-AAbdhkR

Mais informação sobre o que constou destes workshops e quem tivemos a honra de receber como convidados, aqui:

http://www.pmexcelgroup.com/formacao-profissio-nal-para-senhoras-portuguesas-moradoras-em-lam-beth/

Esta primeira edição foi um sucesso e contamos realizar outras edições – daremos notícias sobre o assunto muito em breve.

Outros desenvolvimentos se têm seguido a estes, o que tem feito com que tenhamos agora um âmbito de actuação mais vasto e que naturalmente está a fazer com que estejamos a crescer diariamente como referência em assuntos no âmbito da emigração para o Reino

Unido - nomeadamente no apoio a empresas que pretendem entrar no mercado britânico, bem como em acções de recrutamento em Portugal e em Inglaterra a pedido de alguns dos nossos clientes britânicos.

Mais novidades e detalhes sobre estes assuntos em breve no nosso website, mas para já pode encontrar os links para obter mais informação aqui em baixo:

Recrutamento:

http://www.pmexcelgroup.com/recrutamento

Apoio a Empresas:

http://www.pmexcelgroup.com/consultadoria/

Posto isto, só temos que agradecer todo o carinho e apoio que temos recebido da Comunidade Portuguesa que já reside cá, como dos nossos formandos ainda em Portugal, sem esquecer as diversas entidades e empresas Britânicas e Portuguesas que sempre nos apoiaram desde o primeiro momento e que têm sido parceiras no nosso crescente sucesso.

Um bem-haja também aos novos parceiros no Reino Unido e em Portugal que todas as semanas vão crescendo em número, permitindo-nos fomentar o sentimento de segurança no sentido em que muitas das instituições e organizações que "cresceram" connosco e que nos dão aquele sentimento de pertença nacional, estão ao nosso lado para nos informar, apoiar e confortar nesta decisão de mudança de país e neste início de vida (por vezes) longe da família e de Portugal.

Por último, e para além de agradecermos toda e qualquer divulgação do nosso projecto, vimos por este meio convidá-los a apoiarem esta iniciativa, bastando que nos contactem para se associarem a esta/ou outras iniciativas com as quais nos envolvemos em prol da Comunidade Portuguesa.

Para mais informações visite o nosso website:

http://pmexcelgroup.com/

Ou escreva-nos para:

info@pmexcelgroup.com

Ó MÃE, VOU EMIGRAR!!!

TUDO O QUE PRECISO SABER ANTES DE PARTIR

Ó Mãe, Vou Emigrar!!!

DADOS DA EMIGRAÇÃO DE PORTUGUESES PARA O REINO UNIDO

Quero começar por vos dar uma ideia do panorama mais recente da emigração Portuguesa para o Reino Unido, no sentido de vos mostrar que "não estão sós" e que muita gente já se encontrou - e ainda encontra – "a braços" com a mesma decisão.

Não interessam agora as motivações que nos trazem para outro País, interessa sim que se sintam amparados e apoderados de informações que irão receber ao longo da leitura destes guias, que lhes permitirão que não façam os mesmos erros que outras pessoas tiveram que fazer por falta de informação - até porque se calhar na altura que as tomaram não havia ainda estas novas tecnologias que tanto nos dão jeito para as mais variadas pesquisas.

Assim, vamos falar apenas de pontos que digam respeito a esse nosso objectivo mas verificarão que, um pouco por estes Guias fora, vou fazendo diversas menções à presença Portuguesa no Reino Unido.

Contudo, não queremos deixar de mencionar os dados oficiais que anualmente têm revelado um aumento do número de portugueses por terras de Sua Majestade e que é de facto a razão da existência dos nossos Workshops "Ó Mãe, Vou Emigrar!!!" e consequentemente destes Guias para quem pondera emigrar para o Reino Unido.

Sabia que o Reino Unido é hoje o país para onde emigram mais Portugueses? - Estes são os dados do Relatório Estatístico de 2015 do Observatório da Emigração.

O Relatório Estatístico de 2015 é a uma publicação anual do Observatório da Emigração – patrocinada pelo Secretário de Estado das Comunidades Portuguesas e pela Direcção Geral dos Assuntos Consulares e das Comunidades Portuguesas – e nele estão contidos os dados estatísticos da emigração portuguesa registada em 2014.

Neste último relatório, podemos verificar a tendência crescente anteriormente registada, onde a informação confirma que o Reino Unido **é hoje o país para onde emigram mais portugueses - 30 mil emigraram em 2013 e 31 mil em 2014.**

Estes valores só vêm reforçar o que temos vindo a verificar de forma consistente nos últimos tempos com os nossos workshops "**Ó Mãe, Vou Emigrar!!!**".

Esta procura crescente da (in)Formação dos workshops para quem quer emigrar para o Reino Unido e das ferramentas e dicas essenciais para quem escolhe o Reino Unido para começar uma nova vida, tem registado um aumento significativo durante o corrente ano e não demonstra ainda sinais de abrandamento.

Outros dados de destaque no Relatório de 2015:

O Reino Unido contava, em 2013, com cerca de 107 mil Portugueses (a meu ver e da experiência que tenho, seriam muitos mais, pois os Portugueses ainda não têm o hábito de se registar nos Consulados quando chegam e por isso os números oficiais não serão de certo os finais – estima-se que hoje sejam o dobro).

Portugal é hoje o país da União Europeia com mais emigrantes em proporção da população residente. O número de emigrantes portugueses supera os dois milhões, o que significa que mais de 20% dos portugueses vive fora do país em que nasceu.

O Reino Unido é hoje o principal país de destino da emigração portuguesa. Trata-se de um fluxo com características novas, nomeadamente por incluir uma **elevada percentagem de activos com qualificações superiores.**

Os portugueses emigrados recentemente para o Reino Unido são **predominantemente jovens adultos, tendo cerca de um terço entre 25 e 34 anos. A proporção de mulheres é de 42%. Londres é o destino de cerca de metade dos portugueses** que se mudaram em 2014 para o Reino Unido.

O grupo etário dos **18 aos 24 anos é o segundo mais representativo (cerca de 25%).** Um quinto dos portugueses que entra anualmente no Reino Unido tem entre 35 e 44 anos. Dez por cento dos portugueses que se deslocam para o Reino Unido têm entre 45 a 54 anos.

Inglaterra é o destino de uma larga maioria dos portugueses (94%) que imigra para o Reino Unido. Entre os que se deslocam para Inglaterra, 46% vão para Londres. Para o sudeste de Inglaterra imigram 13% e para o este 10% do total de portugueses. Quase metade dos portugueses entrados no Reino Unido em 2014 reside em Londres.

Entre 2010 e 2013, o número de saídas de Portugal cresceu mais de 50%. **Entre 2013 e 2014, a emigração estabilizou em torno das 110 mil pessoas por ano.** É preciso recuar a 1973 para se encontrar valores para a emigração desta ordem de grandeza.

Na emigração portuguesa predominam os indivíduos em idade activa mas **existe uma tendência geral para o envelhecimento.** O grupo etário dos emigrantes com mais de 64 anos passou de 9% para 16% entre 2001 e 2011, **valor que contrasta com o de 7% observado no Reino Unido,** no mesmo ano.

Predominam também, entre os portugueses emigrados, os indivíduos com baixas e muito baixas qualificações, embora se observe um crescimento da proporção dos mais qualificados.

A percentagem dos portugueses emigrados com formação superior a residir nos países da OCDE praticamente duplicou, passando de 6% para 11%, entre 2001 e 2011. No Reino Unido, **a percentagem dos emigrantes com mais de 15 anos que dispunham de um diploma do ensino superior era, em 2011, de 38%.**

Emigração Portuguesa
Relatório Estatístico 2015

Leia o Relatório Estatístico 2015 na íntegra, aqui:

http://www.observatorioemigra-cao.pt/np4/4447.html

Ó MÃE, VOU EMIGRAR!!!

O REINO UNIDO E O INICIO DE UMA NOVA VIDA

Tendo como pressupostos os números aqui apresentados e o facto de se encontrar a ler este guia, parto do princípio de que eventualmente poderá vir a encontrar-se dentro de um dos padrões de emigração descritos atrás.

E por isso, quer venha a decidir ir para a Escócia, para a Irlanda do Norte, para o País de Gales ou para a Inglaterra, há coisas que são comuns nesta mudança e que considero essencial saber-se para ter sucesso no início de uma nova vida num país estrangeiro, neste caso, no Reino Unido.

Para começar, e porque decerto nem todos saberão as diferenças, devemos saber de que falamos quando mencionamos Reino Unido e por isso deixamos aqui algumas contribuições visuais que encontrámos online e que consideramos interessantes e de fácil compreensão/memorização para não haver dúvidas quando ouvirmos falar nas Ilhas Britânicas, no Reino Unido e/ou na Grã-Bretanha.

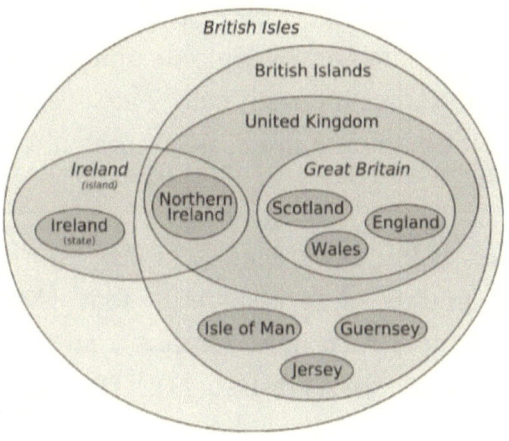

Fonte: http://laborenglishzone.blogspot.co.uk/2013/03/british-isles.html

Também pode ver e ouvir (numa fala super rápida) este vídeo no YouTube:

The difference between the United Kingdom, Great Britain and England Explained

https://www.youtube.com/watch?v=rNu8XDBSn10

Neste ponto quero ainda deixar alguns conselhos gerais que se aplicaram a qualquer um destes destinos. Chamemos-lhe, por exemplo, *check list* essencial para quem se vai mudar para o Reino Unido.

A saber: Devemos partir cheios de garra e com a mente muito aberta – iremos encontrar pessoas e coisas muito diferentes do que estamos habituados, mas essa é aquela magia que nos é oferecida quando viajamos e neste caso teremos o privilégio de ainda ganhar mais porque poderemos interagir com, e até eventualmente conhecer intimamente imensas culturas diferentes da nossa.

Umas coisas vão-nos parecer estranhas e outras horríveis, mas muitas serão belas e agradáveis surpresas que ficarão connosco para sempre e nos ajudarão a crescer como pessoas. Por isso: **MENTE ABERTA!**

Temos que aprender a lidar com o termo e com o sentimento trazido pelo espírito de sacrifício. Não, não estou a agoirar! Estou apenas a preparar-vos para o facto de irem experienciar muitos momentos de indecisão, ou de arrependimento e até de vontade de mandar tudo para as urtigas, mas que terão que superar em nome do sucesso da vossa escolha. Isto não se aplica apenas a quem vem trabalhar, mas também para aqueles que vêm estudar ou apenas acompanhar a família.

Quando falo em espírito de sacrifício não falo necessariamente de privação de dinheiro ou de bens, mas sim da privação daquilo a que estamos habituados e que nos acompanhou toda uma vida antes de virmos para cá! Falo por exemplo no "conforto do lar", no "colinho da família" e nos "abraços e risadas dos amigos". Por isso, **PONHAM A VOSSA CAPA DE SUPER HO-MEM/SUPER MULHER ANTES DE PARTIR!**

Venham preparados para se sentirem meio parvos ao início, o que é muito natural! Não se preocupem em dizer disparates, em perguntar coisas que parecem idiotas, de se perderem a caminho de casa ou ir um dia antes do agendado a uma entrevista de trabalho (como me aconteceu, tal era o nervosismo) tudo isso faz parte do vosso crescimento aqui por estas bandas e só vos vai fortalecer.

Percam a vergonha de falar (mal/menos mal/bem) inglês e de não dizer as coisas "correctissimamente bem gramaticalmente" e com o mais perfeito sotaque – não é necessário! Ao invés, aproveitem para rir com as situações, aproveitem para as contar a quem ficou em Portugal (ou onde quer que esteja o seu coração) a rezar pelo vosso sucesso e tomem notas dessas aventuras iniciais, para um dia escreverem um livro (é um pouco o que estou aqui a fazer). Por isso, **RIAM MUITO! MESMO QUANDO APETECER CHORAR...**

Para terminar, uns **CONSELHOS MAIS PRÁTICOS.**

VENHAM PREPARADOS PARA ANDAR MUITO. Aqui anda-se efectivamente muito. As coisas parecem perto, mas não o são. Há no entanto muito bons serviços de transportes que podem sempre ser uma opção. Por isso, tragam calçado confortável nos pés e um belo par de saltos altos na mala (no caso das senhoras, claro! ou não...) para trocar no trabalho – isso é muito usual por aqui. Em complemento, um bom casaco de agasalho também é melhor do que 24 camisolas, porque aqui no inverno tudo é aquecido, até os transportes públicos (demais por vezes).

VENHAM PREPARADOS PARA CARREGAR AS COMPRAS DO SUPERMERCADO. Nem sempre os transportes estão à nossa porta e é preciso levar as compras para casa. Por isso muita gente opta por fazer menos compras, mas fazê-las quase diariamente. E é também por isso mesmo que encontramos supermercados por todo o lado, até nas estações de metro, à entrada de locais públicos e mesmo dentro dos hospitais... e note que desde Outubro 2015 que também já se pagam os sacos nas grandes superfícies - 5 Pence.

Pelos dois motivos anteriores e pela vossa saúdinha, **TENHAM SEMPRE CONVOSCO UMA PEQUENA MOCHILA DE EMBRULHAR** ou um outro qualquer saco. Aparece sempre qualquer coisa para carregar, até porque aqui também é muito normal levar-se o almoço de casa para o trabalho. E para além de servir para colocarem os sapatos, as compras e/ou o almoço, também é bom terem sempre convosco no saco um pequeno guarda-chuva.

A propósito de chuva, não acreditem no que se diz pelo mundo.

Aqui chove, chove muito, mas é "muito diferente" da chuva de Portugal.

Agora vou-me restringir ao exemplo que tenho vivido nos últimos anos e apenas a esta zona de Inglaterra onde moro (Londres). Aqui chove e chove bem. Mas lembro-me de sempre ouvir falar em Londres como sendo uma cidade cinzenta e de estar sempre a chover. O estar cinzenta era porque antigamente os aquecimentos das casas eram alimentados por carvão e isso fazia com que estivesse sempre tudo mais escuro dado os fumos das chaminés. Mas isso já não acontece, os aquecimentos agora já não são assim. Explicado o cinzento, vou agora tentar menorizar a desgraceira de chuva constante que tanto se teme.

Sim, aqui chove e chove muito... Bastante até, e chove o ano todo. Sim, não é como Portugal, não conseguimos ter um Verão inteiro com um sol radioso e sem chover. Mas vou-vos ser muito franca, nunca apanhei cá uma "carga de água" como em Portugal. Eu diria que aqui chove muito, mas pouco de cada vez e em pingas muito mais suaves. Desculpem esta minha caracterização poética da chuva, mas é como a vejo e até nem sou amante de chuva. Tenho uma amiga Irlandesa que diz *it's spitting*, ou seja, são só uns pinguitos.

Voltando ao que interessa: habituem-se a **ANDAR SEMPRE COM UM GUARDA-CHUVA** - mas sem medos!

Agora sim! Por último, 3 em 1.

FORMATEM O VOSSO COMPUTADOR PARA FAZER PESQUISAS COM BASE NA VOSSA LOCALIZAÇÃO. Usem o https://www.google.co.uk/ em vez do Google de Portugal (ou outro) que os resultados serão diferentes, porque ficarão mais direccionados para o que pretendem procurar no Reino Unido;

PESQUISEM SOBRE OS FERIADOS DE CÁ E AS FÉRIAS DA ESCOLA, para saber quando são os *Bank Holidays* e os *Half Terms* e poderem marcar férias antecipadamente;

E... deixem de pensar em Euros € porque aqui a realidade é um bocadinho mais cara – **PENSEM EM POUNDS/£/QUIDS.** 😁

Penso que falei aqui dos pontos mais genéricos (mas práticos), vamos agora entrar em situações mais particulares, que é isso que vos traz "por cá".

Ó MÃE, VOU EMIGRAR!!!

FALAR INGLÊS

Quem lhe disser que não é preciso falar muito bem o inglês para arranjar emprego aqui, até pode ter alguma razão. Porém, certo será que o emprego será oferecido na justa medida do nível do seu inglês.

Não espere assim por chegar cá para praticar. Pode começar a praticar antes de partir. Para isso pode sempre fazer um curso intensivo de inglês, ou apenas umas aulas para praticar o que há muito está enferrujado, que uma vez cá "a necessidade faz o Monge" e como terá mesmo que falar, vai melhorando a fluência da língua.

De qualquer das formas - e isto é apenas a opinião de quem deu aulas de inglês durante "alguns" anos - a pronúncia aqui não é o mais importante. A quantidade de pessoas que aqui vivem e que não são originárias do Reino Unido é ENORME, pelo que o que interessa é conseguirem expressar-se com exactidão e assertividade – a pronúncia vem com o tempo.

Mas não se esqueça que os termos técnicos da sua "arte" deve sabe-los na ponta da língua. Por isso o melhor é ler um pouco em inglês sobre a sua profissão, para relembrar os termos mais usados; fazer uma lista e praticar aqueles termos técnicos que usa diariamente na sua profissão.

Mas se quiser começar testar a sua pronúncia, aceda a este link:

http://thesoundofenglish.org/10-british-english-pronunciation-tips/

Em todo o caso, aqui fica uma sugestão: se precisar de aulas no nível "iniciados" e vier morar para Londres, pode sempre recorrer às aulas gratuitas de inglês para Portugueses, que temos aos sábados de manhã e de tarde na Biblioteca *Tate South Lambeth* no coração de *Little Portugal* – não é preciso inscrição, é só aparecer.

Veja aqui a localização:

https://www.google.co.uk/maps/place/South+Lambeth+Library/@51.4792832,-0.1237008,15z/data=!4m2!3m1!1s0x0:0xedf28dcfd2734319

Se por outro lado quiser começar já a treinar/praticar/relembrar/desenferrujar o seu inglês, pode aceder ao website da BBC e praticar online. Aqui pode escolher o seu nível e terá dicas de pronúncia e exercícios para também praticar a escrita.

Encontrará nos links abaixo uma grande variedade de formas de aprendizagem desde vídeos no Youtube a programas na BBC Radio, todos disponíveis online e em diversas plataformas (um dos cursos até dá para descarregar para praticar mesmo sem acesso à internet). Agora é só escolher e começar!

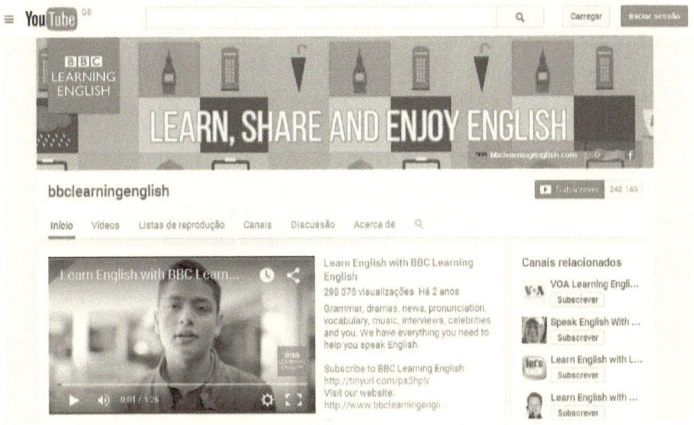

BBC Learning English - YouTube

https://www.youtube.com/user/bbclearningenglish

BBC Learning English - Learning English

http://www.bbc.co.uk/learningenglish

Learning English - Home - Downloads - BBC

http://www.bbc.co.uk/worldservice/learningenglish/081222_download.shtml

BBC Learning English - Words in the News

http://www.bbc.co.uk/learningenglish/english/features/witn

BBC Learning English - The Sounds of English

http://www.bbc.co.uk/learningenglish/english/features/pronunciation

BBC Learning - English: Free resources and online courses

http://www.bbc.co.uk/learning/subjects/english.shtml

notes

Date:

Ó MÃE, VOU EMIGRAR!!!

O CUSTO DE VIDA

Em geral, podemos estimar que o custo de vida em Londres seja cerca de 3 vezes mais caro que a capital de Portugal.

Para quem pretender fazer um estudo mais exaustivo sobre o custo de vida na localidade para onde pretende ir viver, pode sempre efectuar uma procura da informação no *Office for National Statistics*, onde encontrará os relatórios mais recentes e pormenorizados com os últimos dados recolhidos.

Office for National Statistics:

http://www.ons.gov.uk/ons/index.html

Ou aceder directamente ao Relatório de 2015:

REPORT - Living standards, poverty and inequality in the UK: 2015

http://www.ifs.org.uk/uploads/publications/comms/R107.pdf

Outra sugestão é aceder à informação mais específica da localidade que escolheu para viver, através do relatório do *State of the Borough*, que é editado anualmente e onde, a título de exemplo, pode encontrar alguns indicadores sobre o nível de vida daquela área específica, baseados em informações como:

- As Características do *Borough;*

- As Mudanças Recentes;

- A População;

- As Famílias – Composição do Agregado Familiar;

- Os Residentes por Características de Igualdade;

- Os Estatuto Socioeconómico;

- A Pobreza e a Privação;

- A Saúde;

- A Economia;

- Segurança da Comunidade.

Se pretender mais informações do mesmo género, deixamos aqui algumas sugestões.

Reality Check: Are standards of living rising?

http://www.bbc.co.uk/news/election-2015-32130434

UK standard of living rises to fourth highest in EU

Figures from the European Union show that standards of living were 15% higher in 2013 than the EU's average

http://www.theguard-ian.com/money/2014/dec/11/uk-living-standards-eu

Cost of Living in United Kingdom

Prices in United Kingdom

http://www.numbeo.com/cost-of-living/country_re-sult.jsp?country=United+Kingdom

Ó Mãe, Vou Emigrar!!!

Ó MÃE, VOU EMIGRAR!!!

O DINHEIRO

Quando estiverem a ponderar vir para cá vão verificar (os que ainda não sabem) que aqui a moeda se chama Libra Esterlina = *Pound Sterling*.

Este é o nome oficial da moeda, mas vai ouvir outros termos que querem dizer a mesma coisa, a saber: *British Pound / Sterling Pound / GB Pound / Quid / £*.

Veja aqui a aparência das notas e moedas em circulação de momento:

Para evitar alguns embaraços, treine aqui como se deve referir quando fala dos "cêntimos" de cá. Por exemplo: no singular é 1 *Penny*, mas no plural já são 5 *Pence*. Também há quem diga 1 "Pi" ou 5 "Pis", mas escreve-se só com "P".

Não vou falar muito sobre o câmbio, pois como sabem as flutuações do mercado estão sempre a acontecer, mas queria que hoje (o dia em que estão a ler esta página) fizessem a experiência de ir ver qual a cotação diária para verem a diferença para a moeda que usam habitualmente.

Experimentem, por exemplo, esta simples abordagem que o Google nos oferece quando pesquisamos *convert euros to sterling pounds* – que não deve estar muito longe da realidade:

https://www.google.co.uk/search?q=convert+eu-
ros+to+pounds&oq=convert+eu-
ros+to+pounds&aqs=chrome..69i57j0l5.6803j0j9&sour-
ceid=chrome&es_sm=122&ie=UTF-8#q=convert+eu-
ros+to+sterling+pounds

Por exemplo no dia em que estou a escrever este capí-
tulo, esta é a conversão:

0.71 British Pound

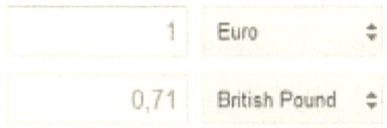

O que pretendo com isto é o que já vos aconselhei atrás:
uma vez tomada a decisão de vir para cá, parem de pensar na moeda que usam hoje e vejam os preços em Libras para que possam comparar a diferença e ver se as
mudanças compensam, se as viagens compensam, se os
ordenados compensam...

Agora, se tentarem fazer uma pesquisa no Google, por
exemplo com os termos *british pound official currency*
rate today rapidamente vão verificar que não vos aparece uma tabela oficial (e ainda bem porque não são de

leitura fácil), mas sim diversos websites que providenciam as SUAS cotações quando da compra ou venda da moeda.

E era para isto que vos queria alertar neste ponto. É que, para além de terem de ver o câmbio do dia, devem contar com as comissões das casas de *Foreign Exchange* caso precisem de trocar dinheiro de outra moeda para Libras Esterlinas.

Aqui há imensos lugares onde podem trocar dinheiro e cada uma dessas lojas usa o seu câmbio e pratica as suas taxas de comissão. Inevitavelmente, ao princípio vai lidar um pouco com esta realidade porque ainda não possui rendimentos cá nem tão pouco conta bancária, mas assim que tiver deixe de usá-las, pois as taxas normalmente são altas, porque essas Casas de Câmbio não deixam de ser um negócio como outro qualquer.

A minha sugestão é a de que - sempre que possam - tragam já libras trocadas no banco em Portugal (ou no país onde estiverem a residir). Mas como também não é possível trazer grandes quantidades de dinheiro connosco na viagem, e por vezes é necessário "ir buscar" mais, inevitavelmente terão que recorrer a serviços que cobram o pagamento de taxas e comissões de câmbio.

Não deixem, no entanto, de fazer umas comparações antes de decidir a que oferece as melhores condições (há alguns sítios que não cobram comissão, só o câmbio). E não deixem também de estudar a hipótese de transferirem dinheiro para cá através de empresas especialmente dedicadas a isso, onde por vezes as comissões são muito reduzidas. Em alguns casos podem é não ter acesso ao dinheiro automaticamente, apenas alguns dias depois, mas outras há em que é automático.

Ó MÃE, VOU EMIGRAR!!!

Ó Mãe, Vou Emigrar!!!

O ALOJAMENTO

Há quem apregoe que a primeira coisa a fazer antes de sair de Portugal é procurar casa e eu concordo!

Mas quem é que vai alugar uma casa uma a pessoa que nunca viu? Se calhar só mesmo quem não tem casas para alugar... Cuidado!!!

O problema vai mais além quando perceber que aqui - para quase tudo - é preciso expormos a nossa vidinha.

O que quero dizer com isto é que vai ser muito difícil alugar casa (ou talvez um quartinho para começar) sem estar no Reino Unido, mas falaremos mais aprofundadamente sobre a procura de casa na **2ª Parte deste Guia - Tudo que Preciso Saber e Fazer depois de Lá/Cá Estar** que vai ser editado muito em breve – fique atento!

A meu ver, o que pode e deve fazer antes de sair é preparar algumas coisas que vão ser essenciais para o seu sucesso e que podem facilitar a obtenção de um contrato de aluguer de um quarto/casa, a saber:

- Comece, por exemplo, por fazer o seu CV com a experiência que acha relevante do ponto de vista de quem o possa vir a contratar no Reino Unido – o que tem para oferecer que possa ser valorizado no estrangeiro?

Traduza depois o seu CV para inglês e adapte-o "à moda do Reino Unido" – **explicado tim-tim por tim-tim no 3ª Parte do Guia** a sair em breve - fique atento!

- Comece a procurar emprego a partir do conforto do lar ainda em Portugal (idem) e quando começar a ter propostas de entrevistas, aí sim, deve traçar um plano de acção.

Como estes **2 pontos vão ser abordados aprofundadamente na 3ª parte do Guia, dedicado à temática da procura de emprego**, proponho que avancemos usando como exemplo uma pessoa que quer partir sem procurar trabalho a partir de Portugal (que é o que na realidade acontece na maioria dos casos).

Partindo então do princípio de que está a decisão tomada, aconselho procurar - no mínimo - um local onde ficar nos primeiros tempos. Pode ser em casa de um familiar, de um amigo, de um familiar de um amigo ou mesmo de um amigo de um amigo...

Qualquer lugar é melhor do que ter que pagar por um Hotel, se bem que sei de casos onde isso realmente aconteceu. Mas aí, na pior das hipóteses aconselharia uma pousada da Juventude (que não é só para jovens...), ou um *hostel*, que sempre sairão mais barato numa situação (mesmo) temporária. Digo isto porque há sítios destes onde existem limites de tempo por estadia – perguntem quando marcarem.

E não fiquem a rir destes conselhos ou envergonhados por os usar, vão ficar admirados com a quantidade de pessoas (de todos os países) que usam estas soluções de recurso.

Veja aqui alguns desses sítios para estadias mais em conta e de curta duração:

Hostelling International

https://www.hihostels.com/

Hostel World

http://www.hostelworld.com/

Outra hipótese é através das dezenas de grupos de portugueses no Facebook. Adira a alguns e pergunte por lá se alguém conhece alguém – o português gosta sempre de ajudar e ao fim de uns dias já terá uma situação menos temporária. **Quanto aos cuidados a ter quando se aluga um espaço (quarto ou casa), estes também**

são abordados com maior detalhe na 2ª Parte do Guia – a não perder!

Então se a procura de trabalho e de casa pode ser feita com maior dedicação e detalhe quando já estiverem no destino escolhido, há coisas que podem e devem ser tratadas antes de partirem.

Ó Mãe, Vou Emigrar!!!

A SEGURANÇA

Como em quase todo o lado, no Reino Unido existem zonas mais e menos seguras e uma das formas para o ajudar a decidir para onde se mudar, é aceder ao web-site da Polícia, onde constam os dados dos relatórios mais recentes acerca dos índices de criminalidade por zona.

Assim, quando estiver a preparar a sua vinda, pode sempre verificar quais as zonas mais seguras consultando os índices de criminalidade do Reino Unido – em particular da zona para onde se pretende mudar, colocando o nome ou o código postal da mesma.

Atenção que esta primeira base de dados não cobre a Escócia.

Crime and policing in England, Wales and Northern Ireland:

https://www.police.uk/

Para informação sobre a Escócia:

http://www.scotland.police.uk/

A informação contida nos websites mencionados são, como poderá verificar, dados oficiais da Polícia.

Mas se pretender uma visão mais personalizada, poderá aceder a outro lugar onde a recolha de informação é idêntica, mas do ponto de vista dos moradores da Grã-Bretanha.

Chama-se *"I live Here – Britain's Worst Places to Live"* ou seja, Eu moro aqui – Os piores lugares para se viver na Grã-Bretanha, clique no link abaixo para aceder à informação.

I Live Here – Britain's worst Places to Live:

http://www.ilivehere.co.uk/

Quando já tiver decidido para onde vai, pode também complementar essa informação com a dos relatórios anuais específicos de cada Borough, onde encontra informações muito mais detalhadas sobre os mais diversos índices, bem como nos próprios websites das agências imobiliárias, pois normalmente contêm os dados das zonas onde têm propriedades para alugar/vender.

Pode por exemplo aceder ao último relatório do Borough de Lambeth - onde fica situado *Little Portugal* aqui:

Lambeth State of the Borough 2014

http://www.lambeth.gov.uk/sites/default/files/ec-lambeth-council-state-of-the-borough-2014_0.pdf

Ó Mãe, Vou Emigrar!!!

Ó MÃE, VOU EMIGRAR!!!

O SALÁRIO MÍNIMO

Muitas das questões de discordância com os patrões começam por falta de informação. E porque nem todos os patrões seguem a Lei à risca, é necessário estar-se sempre a par das últimas informações.

O que quero dizer é que aqui, como em todo o lado, existe um ordenado mínimo, mas no Reino Unido este é contabilizado por hora de trabalho e não por mês como estamos habituados, depende ainda da idade do trabalhador e normalmente é actualizado todos os anos em Outubro.

Aqui ficam os dados mais recentes à data da publicação da 1ª edição deste livro:

Ordenado mínimo Nacional *National Minimum Wage* (NMW) para um Adulto – porque para um adolescente ou um aprendiz/estagiário é diferente - por hora a partir de 1 de Outubro de 2015 subiu de £6.50 para £6.70 por hora - com um aumento de 20 pence/hora em relação ao ano passado (sim, aqui tem aumentado todos os anos desde que cá cheguei).

Londres, por ser uma cidade excepcionalmente cara, tem um valor pago por hora diferente - o *London living wage* é £9.15, mas nem todos os empregadores pagam esse valor...

Tudo iria dar ao mesmo (ordenado mínimo mensal) se todos tivessem um trabalho certinho em termos de dias e horas trabalhadas por mês – o que muitas vezes não acontece quando se acaba de chegar e se começa a trabalhar "em qualquer coisa" para começar a ganhar umas coroas.

O que quero dizer é que não vale a pena chegar e fazer as contas ao que se deveria ganhar se se tivesse um "trabalho normal" de 5 dias por semana a 8 horas diárias.

Veja aqui se está a ser pago de acordo com os valores oficiais:

https://www.gov.uk/am-i-getting-minimum-wage

Ainda de destaque, o facto de aqui existir uma figura laboral chamada Contrato 0 (zero) Horas. Ou seja, os trabalhadores podem ser contratados com um contrato de trabalho face ao qual o empregador não é obrigado a dar-lhes trabalho com regularidade.

Vão trabalhando à medida do que lhes é solicitado semana a semana e podem nunca saber com muita antecedência quanto irão trabalhar na semana seguinte – podem ser as tais zero horas, como diz o nome do contrato.

👑 GOV.UK

Home › Working, jobs and pensions › Your pay, tax and the National Minimum Wage

National Minimum Wage calculator for workers

Check if your pay matches the National Minimum Wage or if your employer owes you payments from past years.

Start now

Last updated: 15 October 2015

Assim, o meu conselho é fazerem os vossos planos ao contrário: vejam quanto é que necessitam mensalmente para pagar as despesas correntes para verem se concorrer aquele emprego que oferece X por hora vai compensar e NUNCA se esqueçam de incluir na equação o montante que irão gastar nos transportes para ir trabalhar.

A minha experiência de lidar diariamente com situações destas já me ensinou que não há uma regra geral – cada caso é um caso, por isso há que manter a calma e tentar a obter informação correcta para a sua situação.

Podem encontrar mais informação nos links abaixo:

National Minimum Wage rates

https://www.gov.uk/national-minimum-wage-rates

Minimum Income Standard for the UK - Do you earn enough for a basic standard of living? Answer three short questions and find out the minimum income for your family type.

http://www.minimumincome.org.uk/

Ó Mãe, Vou Emigrar!!!

AS VIAGENS LOW COST

No que concerne a viagens de avião o que tenho a aconselhar é o seguinte: nunca deixem nenhuma opção de lado quando forem à procura de viagens para as datas pretendidas.

Ou seja, nunca deixem de procurar as viagens nos websites das próprias companhias aéreas, mas façam também algumas pesquisas nos motores de busca de viagens.

Os minutos "perdidos" nestas procuras podem representar diferenças substanciais nos preços das viagens.

Há coisas que para muitos são óbvias, mas que para outros não tanto e por isso aqui vão mais uns conselhos:

- Marquem as viagens com o máximo de antecedência possível - quanto mais cedo conseguirem marcar as viagens, mais baratas elas ficam;

- Viagens que incluam fins-de-semana ficam, quase sempre, mais baratas;

- Viagens efectuadas durante os dias de semana, normalmente são mais em conta;

- Viagens com início ou fim durante o fim-de-semana são, regra geral, mais caras;

- Se não tiverem muita pressa e puderem ficar umas horas a fazer escala noutro país/aeroporto, podem as viagens ficar substancialmente mais baratas (sobretudo nos picos de procura).

Os motores de busca são fenomenais, mas nunca se esqueçam que o preço que encontram não é o final. Depois de seleccionarem o voo e de começarem a introduzir os seguros, as malas, os dados dos passageiros... e os dados para pagamento as taxas vão aparecendo.

Por isso pode sempre ir até essa parte para ter mesmo a certeza que esse é o voo a escolher (com cautela para não finalizar a compra antes de se ter a certeza que é aquela a viagem pretendida).

Queria também acrescentar uma nota que muitas vezes não é rapidamente percepcionada por quem começa por ter que fazer viagens com alguma frequência. As companhias aéreas apelidadas de *Low Cost* (baixo custo) não oferecem viagens baratas por acaso.

As viagens são efectivamente mais baratas, o problema é que os aeroportos de onde esses aviões partem e chegam são normalmente "fora de mão". Isto faz com que as companhias aéreas possam oferecer preços mais baixos, mas para quem compra, a coisa não é tão simples.

Se repararem, as companhias *Low Cost* vão aterrar ou partir em aeroportos longe das cidades mais procuradas, o que faz com que tenhamos também que equacionar o transporte antes e após avião para podermos chegar ao nosso destino, fazendo com que a viagem já não seja tão barata como parece.

O outro problema que estas viagens podem causar é a falta deste transportes de e para o aeroporto. Ou seja, muitas das viagens são oferecidas em horários para os quais a companhia não é taxada de uma forma tão elevada pelo órgão regulador, logo pode baixar os preços.

Vejamos como exemplo o caso aqui de Londres, para uma viagem que inicie às 6:30H da manhã com partida de Standsted - teremos que lá estar pelo menos 1 hora e meia antes, ou seja por volta das 5 da manhã. Ora a essa hora não há transportes públicos a funcionar, o que faz com que tenhamos que equacionar a hipótese de comprar um bilhete de camioneta, por exemplo, das próprias companhias aéreas – se estas passarem perto da nossa casa – caso contrário teremos que apanhar um táxi até à paragem dessa camioneta, porque como disse a essa hora não há transportes públicos...

Ou - se nem sequer tivermos uma dessas paragens perto da nossa casa - podemos ir sempre de táxi. No meu caso pago cerca de £50 para ir (ou regressar) do aeroporto de Heathrow - que não é o mais longe de Londres (e daí, salvo erro, não parte nenhuma das companhias *Low Cost* por ser o aeroporto principal e mais procurado). Por isso não deixem de fazer todas estas contas para ver se realmente compensa ir em *Low Cost*.

Uma última nota acerca dos transportes para de e para o aeroporto, é a de aqui existem muitas companhias de serviço de Táxi sem ser aquele *Black Cab* tradicional - que normalmente cobram menos porque não têm taxímetro, mas que se deve ter muito cuidado ao contratar, pois na maioria dos casos a aparência dos carros é a mesma das viaturas particulares.

São pessoas que trabalham para uma empresa que os chama para fazerem determinado serviço de transporte com os seus carros particulares. O melhor procurarem empresas desse género "à séria" e tentar verificar primeiro se são de confiança, se têm efectivamente escritório, etc.

Por outro lado, também se deve ter em conta que se for mais do que uma pessoa a fazer essa viagem de táxi, pode realmente compensar pagar esse transporte - sobretudo se estiverem com malas. Atenção que quando se reserva um desses táxis deve-se sempre dizer o número de pessoas que vão viajar e quantas malas têm, para não vos aparecer um Mini para 7 pessoas e 14 malas.

Para ser mais em conta, tentem contratar esses táxis com antecedência. Solicitem esses serviços a empresas que sejam da zona de onde vão partir (ou chegar) e perguntem sempre qual a *fare* - já com o parque no aeroporto - para saberem quanto vão pagar no destino final.

Por último, se conseguirem marcar as vossas viagens fora do calendário das férias escolares melhor, caso contrário vão ver os preços inflacionar mal começam as férias. O mesmo acontece com os feriados/*bank holidays*.

Se tiverem que comprar nessas alturas, porque por exemplo têm crianças, o melhor é fazê-lo com a maior antecedência possível até porque em geral as escolas dão-nos os calendários escolares do ano seguinte com mais de um ano de antecedência (e são mais ou menos os mesmos para todas as escolas estatais) – mas **falarei mais detalhadamente sobre as escolas na 2ª parte do Guia** – se tem filhos, não perca essa edição!

Como é fácil encontrarem os websites online pelo nome das companhias aéreas, o que deixamos aqui são os links para alguns dos motores de busca onde podem verificar os preços das viagens.

eDreams

http://www.edreams.co.uk/

Skyscanner

http://www.skyscanner.net/

Flight Centre

http://www.flightcentre.co.uk/

Cheapflights

http://www.cheapflights.co.uk/

Momondo

http://www.momondo.co.uk/

Trabber

https://www.trabber.co.uk/

Kayak

http://www.kayak.co.uk/

Expedia

https://www.expedia.co.uk/Flights

Ó Mãe, Vou Emigrar!!!

Ó MÃE, VOU EMIGRAR!!!

A CARTA DE CONDUÇÃO

Também neste caso não perderá nada em trazer a sua carta de condução, mesmo que para já não tenha carro. Alugar uma viatura não é tão caro como se possa imaginar e dar uma volta ao fim de semana sabe sempre bem. Atenção que desde o dia 1 de Outubro de 2015 que é proibido fumar dentro das viaturas se circularem com crianças/jovens menores de 18 anos!

Sim, podemos conduzir cá com a nossa carta de condução, não há qualquer problema, mas eles aconselham a trocar a carta ao fim de se conduzir aqui há mais de seis meses. Mas se for só de quando em vez...

Já agora... quanto ao conduzir "do outro lado", para não se enganar e entrar em contramão, o melhor é ir sempre atrás dos outros. Ou então seguir o conselho que eu achei muito útil e que me foi dado pela minha prima Judite, que já cá está há uns anos: temos que ter SEMPRE o passeio do nosso lado esquerdo. Assim, nos cruzamentos e rotundas tudo se torna mais fácil!

Só por este belo conselho que já me salvou algumas vezes, um bem-haja a todas as primas do mundo! 😁

Contudo, se um dia estiver a ponderar comprar cá um carro (até porque são bastante baratos em comparação aos preços de Portugal) aí já é melhor ponderar trocar a carta para a de cá, mas terá que entregar a carta portuguesa.

Pode, por exemplo, ir aos correios e pedir o impresso para o efeito que já vem com o respectivo formulário e envelope. Tem que preencher, enviar o original da sua carta e pagar cerca de £50. Aconselho a mandar a carta registada porque se se extraviar eles compensam o valor da carta em dinheiro – peça um registo com £50 *Compensation*.

Atenção que para a Irlanda do Norte o procedimento é diferente. Veja aqui:

http://www.nidirect.gov.uk/index/information-and-services/motoring/driver-licensing/driving-in-ni-on-a-foreign-licence/exchanging-your-foreign-driving-licence.htm

Isto de trocar a carta tem uma vantagem: é que se tentarmos fazer o seguro cá, apesar de podermos ter a carta há muitos anos, como é uma carta de um país onde se conduz pela direita eles consideram que não temos experiência de conduzir pela esquerda (o que na maioria dos casos é verdade). Logo, o nosso seguro vai ser altíssimo. Vai no entanto baixando ao longo dos anos.

Se tivermos a carta de cá, como a temos há pouco tempo, também ficamos com um seguro muito alto mas mais baixo do que com a carta portuguesa.

Atenção que a mesma teoria se aplica se tiverem a carta inglesa mas conduzirem um carro com o volante à direita – o seguro é mais elevado porque o ângulo de visão é menor, logo há mais probabilidade de haver acidentes ou de se fazer uma condução menos segura (sim, também se vendem aqui alguns carros assim, mas já com a matrícula de cá).

Podem sempre pedir cotações online de seguros e comparar antes de decidir trocar a carta. Fica aqui um link como exemplo. Como devem imaginar existem vários, mas este até serve para compararem *quotes* de outro tipo de serviços.

Money Super Market

http://www.moneysupermarket.com/car-insurance/

Atenção que se trouxerem a carta portuguesa e a perderem cá... santa paciência! Aqui nos Consulados não se trata de nada de cartas de condução, tem mesmo que ser em Portugal, no Instituto da Mobilidade e dos Transportes (IMT).

Veja aqui a informação:

http://www.imtt.pt/sites/IMTT/Portugues/Paginas/IMTHome.aspx

Caso a sua carta de Condução não seja da União Europeia, aconselho a verificar aqui se pode usá-la para conduzir na Grã-Bretanha (Inglaterra, País de Gales e Escócia):

https://www.gov.uk/driving-nongb-licence

Uma chamada de atenção para quem pretender conduzir na Capital Inglesa: atenção que no centro de Londres existe a *Low Emission Zone Charge* e a *Congestion Charge*, que são taxas que temos de pagar online no próprio dia. Caso contrário, o montante vai aumentando dia após dia. Também se pode pagar com antecedência e com um ligeiro desconto quando já sabemos que no dia X temos que ir de carro àquela zona que está dentro de uma *Congestion Charge Area*.

Veja todas estas informações aqui:

Congestion Charge

https://tfl.gov.uk/corporate/terms-and-conditions/congestion-charging-and-lez

Low Emission Zone

https://tfl.gov.uk/modes/driving/low-emission-zone

Ó MÃE, VOU EMIGRAR!!!

Ó MÃE, VOU EMIGRAR!!!

TUDO O QUE PRECISO FAZER ANTES DE PARTIR

Ó MÃE, VOU EMIGRAR!!!

OS DOCUMENTOS DE IDENTIFICAÇÃO

Os Documentos de Identificação pessoal devem ser uma das suas primeiras preocupações quando pensar em mudar de país. Deve acautelar-se de que os possui em dia e que os guarda em lugar seguro.

O Bilhete de Identidade/Cartão de Cidadão é o principal documento de identificação do cidadão português (ou de qualquer dos outros países da UE), sendo suficiente para se identificar dentro de toda a União Europeia.

De acordo com a legislação comunitária em vigor, **qualquer cidadão de um país membro da União Europeia é livre de viajar, residir e trabalhar em qualquer outro país da União Europeia** - como o Reino Unido.

Ficam aqui apenas alguns dos links a visitar para saber mais sobre o assunto.

Os seus direitos:

http://ec.europa.eu/your-rights/help/individuals/index_pt.htm

Trabalho e reforma:

http://europa.eu/youreurope/citizens/work/index_pt.htm

Residência:

http://europa.eu/youreurope/citizens/residence/index_pt.htm

Pela minha experiência no Consulado Português, aconselho a virem para cá com os vossos documentos com uma validade "generosa". Quero com isto dizer que se faltam meses para o cartão caducar, renove-o ainda em Portugal.

Se apenas traz o Bilhete de Identidade dos antigos e o perder aqui por estas bandas sem ainda conhecer ninguém, vai ser mais complicado provar a sua identidade e terá, entre outras coisas que arranjar duas testemunhas portuguesas com a respectiva identificação em dia e dispostas a assinar uma declaração a confirmar a sua identidade. E às vezes não é fácil encontrar e convencer uma pessoa que acabámos de conhecer a fazer isso por nós, ainda mais porque essa pessoa possivelmente terá que tirar um dia de férias e pagar os transportes para ir consigo...

O problema de perder os seus documentos de identificação aqui por estas bandas, ou de serem roubados (quando andamos com cara de turistas à procura das ruas) é o facto das marcações nos Consulados por vezes demorarem - serem para daí a 4/6 semanas.

No caso de perda ou roubo, terão que passar por uma esquadra de polícia para reportar o incidente. Eles vão-lhe dar um papel com o *Crime Reference Number* que depois deverão entregar no Consulado da sua área de residência, quando for pedir a emissão dos seus novos documentos.

Assim, tragam os documentos com alguma validade – confirmem na loja do cidadão se estes podem ser renovados 6 meses antes de caducarem. E no caso de estarem perdidos ou roubados, se podem ser renovados em qualquer altura. É sempre bom saber!

Mais uma razão para o meu outro conselho – apesar de não ser obrigatório, possuir o passaporte aqui dá algum jeito.

Não só porque como os britânicos não têm o hábito de possuir documentos de identificação (alguns passam uma vida inteira apenas com o Certificado de Nascimento ou com a Carta de Condução), a maioria pensa

que "O" documento de
identificação é apenas o
Passaporte.

Por outro lado, também
dá jeito ter o passaporte
porque no caso de perda
ou roubo do cartão de ci-
dadão, o Passaporte pode
ser usado para os mesmos
efeitos até solicitarem
uma nova emissão - por falar nisso o Cartão de Cidadão
e o Bilhete de Identidade não tem 2ª via – isso é só nas

autoestradas – *sorry, private joke.*

Voltando à mesma teoria, tragam o passaporte com alguma validade, pelas razões anteriormente apresenta-
das.

Quanto ao tentar explicar a meio mundo que o cartão
de cidadão é "O" nosso documento de identificação oficial, eu já perdi as esperanças. Para não correr o risco
de não ser aceite num emprego ou não poder efectuar
por exemplo o aluguer do alojamento, o melhor é gastar mais uns euros e não arriscar. Assim como assim,
passa a ter sempre um *backup document* no caso de ser
necessário.

Uma última nota em relação aos documentos é a regra Nº 1 do viajante – nunca guardar tudo no mesmo bolso!! Ou seja, como aqui não é obrigatório andar com os documentos (porque como disse algumas pessoas não possuem absolutamente nenhum) em casa, devem guardá-los em gavetas/lugares diferentes e se possível nos sítios menos suspeitos, pois quando há assaltos os documentos são das primeiras coisas a ser procuradas, porque valem ouro no mercado negro para venda aos emigrantes ilegais.

Ó Mãe, Vou Emigrar!!!

Ó MÃE, VOU EMIGRAR!!!

O REGISTO CRIMINAL

O registo Criminal é o outro documento que podem solicitar ainda em Portugal (ou no país onde se encontrarem).

Se estiver apurado para entrar num novo emprego vai ser das primeiras coisas que lhe vão pedir, sobretudo de for trabalhar com crianças ou com pessoas idosas.

Assim, não se esqueçam de pedir logo a tradução para inglês, caso contrário de nada servirá aqui. É um documento relativamente barato, mas contem sempre com mais uns trocos para a tradução (que se paga à página) mas se tudo estiver bem não haverá mais do que duas para traduzir, se é que me entendem...

Estes certificados apenas têm a duração de três meses, por isso é melhor pedir mesmo antes de partir. Caso contrário, podem sempre pedir online ou quando cá chegarem, nos Consulados (Manchester ou Londres, dependendo da área onde moram) pois lá existe o serviço de notariado - onde terão que ir reconhecer a assinatura no pedido do registo (mais uma despesa) e após pedir o registo têm que solicitar a tradução.

Parece-me que, para começar, se trouxerem um de Portugal é o melhor caminho. Vejam como aqui:

http://www.dgaj.mj.pt/sections/files/identificacao-criminal/identificacao-criminal/como-obter-um/

Ó MÃE, VOU EMIGRAR!!!

O SUBSÍDIO DE DESEMPREGO

Se está a receber o Subsídio de Desemprego em Portugal (ou noutro país da UE), pode de acordo com a legislação europeia, solicitar que este continue, mesmo estando à procura de emprego noutro país da União Europeia.

Assim, uns dias antes de partir deverá deslocar-se ao seu Centro de Emprego e informar que vai procurar trabalho noutro país da União Europeia. Eles irão suspender as suas prestações e dão-lhe um documento com essa informação que deverá entregar na Segurança Social - que por sua vez vai emitir o Formulário U2 em inglês para entregar quando cá chegar.

Caso ainda tenha tempo de receber o documento em Portugal, muito bem. Caso contrário, deverá já indicar a morada no Reino Unido para eles mandarem o documento directamente para a sua nova morada (o que pode constituir um problema se não souber ainda para onde vai).

Uma vez cá, tem 7 dias seguidos (cuidado que não são 7 dias úteis) para entregá-lo no *Job Centre* da sua área de residência - o equivalente ao Centro de Emprego –

atenção que em alguns é necessário fazer marcação para ser atendido. Quando marcar o *appointment*, faça menção que tem prazo para entregar o impresso.

Eles abrirão o processo de importação de subsídio (*Import Benefit*), passará a ter que se apresentar quando for solicitado e terá direito ao mesmo que os desempregados cá, por exemplo ao acesso gratuito ao sistema de Saúde - mas continuará a receber as suas prestações de desemprego em Portugal.

GUIA PRÁTICO
SUBSÍDIO DE DESEMPREGO

INSTITUTO DA SEGURANÇA SOCIAL, I.P

Se após os 3 meses de subsídio de desemprego que Portugal dá, ainda não tiver encontrado trabalho, pode pedir uma prorrogação das prestações de desemprego por mais 3 meses, mas terá que contactar os serviços de Segurança Social em Portugal com a maior brevidade possível e tem que provar que, por exemplo, está a frequentar cursos de formação tendo em vista a aquisição ou aperfeiçoamento de conhecimentos para conseguir mais rapidamente uma posição. Peça para essa

prova, os comprovativos de frequência nos mencionados cursos junto das entidades Formadoras.

Ver toda esta informação aqui - Transferência das Prestações de Desemprego:

http://www4.seg-social.pt/docments/10152/
15007/subsidio_desemprego

E aqui também:

http://europa.eu/youreurope/citizens/work/finding-
job-abroad/transferring-unemployment-benefits/in-
dex_pt.htm

Ó Mãe, Vou Emigrar!!!

Ó Mãe, Vou Emigrar!!!

O CARTÃO EUROPEU DE SEGURO DE DO-ENÇA DA SEGURANÇA SOCIAL

Não perde nada em trazer o seu Cartão Europeu de Seguro de Doença da Segurança Social, é gratuito e poderá ter que o apresentar caso necessite de algum atendimento médico antes de a sua situação estar regularizada no país de acolhimento. Caso contrário poderá ver-se a braços com facturas de montantes bem elevados.

Faça o seu pedido junto da Segurança Social o mais rapidamente possível para o trazer consigo quando viajar.

Também é possível pedir a sua emissão em algumas lojas do cidadão.

Veja toda a informação aqui:

http://www4.seg-social.pt/pedido-cartao-europeu-seguro-doenca

Ó MÃE, VOU EMIGRAR!!!

AS FINANÇAS

Não se esqueça que a alteração de domicílio fiscal é obrigatória e tem 6 meses para o fazer. Pode fazê-lo no Consulado da sua área de residência através da alteração de morada no seu cartão de cidadão. Depois vai receber um PIN na morada do Reino Unido e terá que ir de novo aos serviços para fazer a confirmação dessa alteração de morada (atenção que a carta traz um prazo para o fazer).

Receberá ainda uma carta das finanças já na nova morada a informar que se quiser, pode nomear alguém em Portugal (por procuração) para lhe tratar dos seus assuntos fiscais, mas não é obrigatório fazê-lo.

Aconselho vivamente a ponderar esta hipótese, pois o e-balcão que o serviço de finanças português possui para responder às questões por email, demora a responder aos emails - eu NUNCA consegui arrancar uma resposta a nenhum do emails que para lá mandei...

Por outro lado, se conseguir comunicar por email directamente para uma das repartições pode receber respostas do género:

- "Agora que vive no estrangeiro esta já não é a sua repartição, tem que se dirigir à repartição XPTO" - da qual eles só conseguem um email ou telefone depois de muito se insistir...

- "Pode mandar um email para o e-Balcão, o serviço dedicado para o efeito" – que de dedicado não tem grande coisa, pois ou não responde ou demora eternamente (desculpem a franqueza, mas de facto nunca obtive respostas via email)...

- "Pode ligar para a linha de apoio pelo nº 707XXXX" – mas este número não funciona a partir do estrangeiro, pelo menos nunca funcionou comigo desde que cá estou...

- E ainda vão poder receber uma mensagem mais extraordinária que é mandarem o mesmo número de telefone, mas acrescentam o +351 - como se isso adiantasse alguma coisa...

Estes meus reparos apenas servem para vos acautelar e para que ponderem a hipótese justa que as Finanças nos dão de nomearmos alguém para nos representar.

Por isso, se não for frequentemente a Portugal, ou deixa tudo tratado ou o melhor é passar uma procuração para alguém lhe tratar dos assuntos fiscais - mas tem na mesma que trocar a morada no cartão de cidadão.

Veja aqui como e onde o pode fazer:

https://www.portaldocidadao.pt/web/instituto-dos-registos-e-do-notariado/cartao-de-cidadao-alteracao-de-morada

Ó MÃE, VOU EMIGRAR!!!

Ó Mãe, Vou Emigrar!!!

E SE O MEU PAÍS NÃO PERTENCE À UNIÃO EUROPEIA?

Se estiver a pensar ir viver e trabalhar ou estudar para o Reino Unido e o seu País não pertencer à União Europeia, devo dizer-lhe que terá basicamente as mesmas preocupações mencionadas anteriormente, só que terá que recorrer às instituições congéneres e ter em conta a legislação em vigor no seu País para poder detectar os documentos equivalentes aos que falei até aqui.

Estou certa que deve ter identificado rapidamente os respectivos nomes/locais à medida que foi lendo as referências anteriores.

Acima de tudo e antes de começar os seus preparativos, deverá saber se precisa de Visto/*Visa* e de que tipo, para depois tratar do mesmo. E só quando tiver o OK do Consulado/Embaixada é que deverá iniciar os passos seguintes.

Não queria entrar em detalhes quanto aos Vistos porque estes dependem de diversos factores associados a quem os solicita, bem como à nacionalidade dos requerentes e como esta é uma matéria de extensa e complexa legislação da qual não sou perita, deixo apenas a indicação de onde encontrar informação relevante.

Veja aqui se necessita de Visto:

https://www.gov.uk/check-uk-visa

GOV.UK

Home > Visas and immigration > Arriving in the UK

Check if you need a UK visa

You may need a visa to come to the UK to visit, study or work.

Start now

Onde devem ser solicitados os vistos? Deverá procurar a Embaixada ou Consulado Britânico no país onde reside para tratar do pedido do Visto, por exemplo de estudante, de turista ou de trabalho.

Deixo aqui uma lista dos locais adequados onde poderá pedir informação para iniciar o processo de pedido de Visto.

Visa Application Centres (por País):

https://www.gov.uk/find-a-visa-application-centre

Ainda relativamente aos Vistos, deixo também um link oficial do Governo Britânico onde pode encontrar informação detalhada sobre o que fazer quando chega e sobre os vários tipos de Vistos.

Visas and Immigration:

https://www.gov.uk/browse/visas-immigration

Ó Mãe, Vou Emigrar!!!

Ó MÃE, VOU EMIGRAR!!!

CONCLUSÃO

Espero que tenham gostado desta **1ª Parte do 1º Guia Para Quem Pondera Emigrar para o Reino Unido** e que considerem que esta colecção de livros, editados em 3 partes distintas possam ser úteis nas vossas decisões e nos vossos próximos passos no que concerne a uma mudança aqui para o Reino Unido.

Mais uma vez afirmo que não é a minha intenção promover a emigração, mas sim fornecer ferramentas para tomarem uma decisão ponderada e mais segura, na medida em que já ficam com uma ideia "para onde se virar" e como proceder em determinadas situações.

Gostava que não deixassem de seguir os vossos sonhos por receios do desconhecido e espero que tenha de alguma forma conseguido ajudá-los a ultrapassar eventuais "barreiras psicológicas" e que agora se sintam mais confiantes com a informação contida neste Guia.

Se tiverem o sonho de ter uma experiência de trabalho internacional (que fica bem em qualquer currículo e que cada vez mais é solicitado pelos empregadores) não deixem de o concretizar, mesmo que vão para outro local no mundo.

Se por outro lado precisarem de vir porque a vida não está a ser muito fácil aí no nosso querido Portugal, venham também! Agora, com a confiança de que se tivermos força de vontade e determinação - e um Guia como este 😁 - tudo é possível!

"Set your goals high,

and don´t stop till you get there!"

Bo Jackson

Uma nota para relembrar que os links aqui apresentados estão todos actualizados e funcionais à data da publicação deste livro, mas volto a pedir que caso detectem links corrompidos, nos avisem pelo email <u>omaevouemigrar@pmexcelgroup.com</u> que iremos repor os novos links logo que possível.

Peço ainda mais uma vez, a todos os que lerem esta 1ª Parte do Guia, o favor de deixarem a vossa avaliação (*review*) do livro no website da Amazon, que

terei muito interesse em ler todos os comentários com atenção e carinho. Aos que adquiriram o livro de outro modo e apenas quiserem enviar um email a felicitar por este trabalho, melhor ainda - terei um grande sorriso para vós em retorno.

Por último, repito que para se ter acesso à versão on-line desta obra não é necessário possuir um Kindle. Podem descarregar a aplicação gratuitamente para o vosso *Smart Phone*, para a vossa *Tablet*, Computador ou Portátil e aceder ao Guia como melhor vos aprouver.

Por isso, podem e devem indicar estes livros aos vossos amigos e familiares que estejam a ponderar emigrar para o Reino Unido, pois este formato permite o acesso a todas as pessoas e em diferentes suportes.

Fiquem atentos ao lançamento (para breve) do 2º e 3º Livros desta Colecção, indispensáveis para quem já tomou a decisão de partir e também para quem está à procura "daquele" emprego aqui no Reino Unido!

2ª Parte

Tudo o que Preciso Saber e Fazer Depois de Lá/Cá Estar

3ª Parte
Tudo o que Preciso Saber e Fazer para Conseguir "Aquele" Emprego

Obrigado por terem adquirido este Guia e espero - acima de tudo - que este vos seja útil!

Patrícia Marcelino

OS NOSSOS CONTACTOS

Se quiserem entrar em Contacto connosco por qualquer dos motivos anteriormente expostos neste livro,
aqui ficam os nossos links e eMails:

PM Excel Group, Consultancy & Training

United Kingdom / Portugal

Tel. 0044 (0) 7827 229532

Tel. 00351 96 96 97 124

SERVIÇOS *CORPORATE* E PARCERIAS:

Corporate Consultancy – Implementação e Representação de Empresas no Reino Unido. Exposições, Estudos de Mercado e Serviços de Apoio a Empresas e Negócios.

http://www.pmexcelgroup.com/consultadoria/

Corporate Training - Formação a Empresas e Negócios.

http://www.pmexcelgroup.com/formacao/

eMail: corporate@pmexcelgroup.com

RECRUTAMENTO:

http://www.pmexcelgroup.com/recrutamento/

eMail: recrutamento@pmexcelgroup.com

WORKSHOPS PARA QUEM QUER EMIGRAR PARA O REINO UNIDO:

- Tudo o que preciso saber e fazer antes de partir;

- Tudo o que preciso saber e fazer depois de lá/cá chegar;

- Onde procurar trabalho e como elaborar uma carta de apresentação e um CV "à inglesa".

http://www.pmexcelgroup.com/produtos/

eMail: info@pmexcelgroup.com

OS NOSSOS GUIAS:

Ó Mãe, Vou Emigrar!!! - O 1º Guia para quem Pondera Emigrar para o Reino Unido - Escrito por quem Trabalha com a Comunidade em Inglaterra há mais de 3 anos!

Adquira já aqui os nossos Guias:

http://www.pmexcelgroup.com/produtos/

eMail: omaevouemigrar@pmexcelgroup.com

GRUPO DO FACEBOOK:

Adira ao nosso Grupo "Ó Mãe, Vou Emigrar!!!" no Facebook!

https://www.facebook.com/groups/omaevouemigrar/

PÁGINA DO FACEBOOK:

Goste da nossa Página no Facebook!

https://www.facebook.com/PMExcelGroup

TWITTER

Siga-nos no Twitter!

https://twitter.com/pmexcelgroup